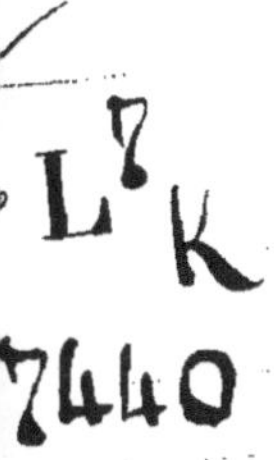

FONFRÈDE

FONTFROIDE

Quelques notes tirées de ses Archives

1185-1910

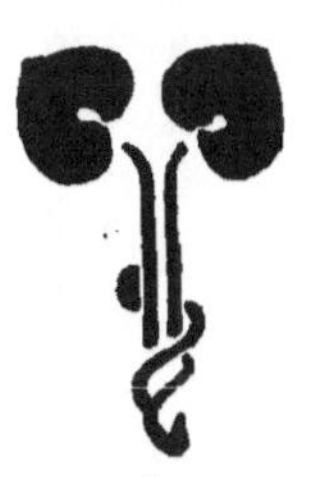

CAHORS

IMPRIMERIE TYPOGRAPHIQUE A. COUESLANT

—

1911

FONFRÈDE
FONTFROIDE

Quelques notes tirées de ses Archives

1185-1910

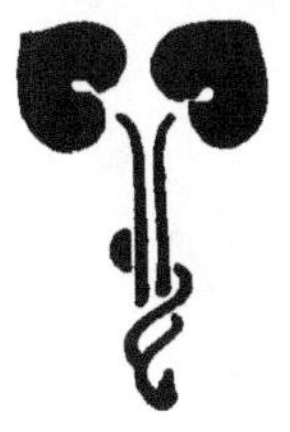

CAHORS

IMPRIMERIE TYPOGRAPHIQUE A. COUESLANT

—

1911

PARIS & CAHORS, IMPRIMERIE A. COUESLANT. — 13.775

C'est en septembre dernier, à Fontfroide, dans une de ces belles réunions où nos cousins, M. et Mme Pierre Leenhardt, aiment à s'entourer chaque été d'un large cercle familial, que j'appris à connaitre ces vieilles archives..... et je me demandai si elles ne pourraient pas servir à fixer quelques points d'histoire.

Les loisirs des vacances, l'agrément d'un précieux voisinage, me permirent de relever quelques notes ; mais lorsque je crus devoir communiquer les résultats de ces brèves recherches à l'obligeant propriétaire de ces vénérables documents, j'étais bien loin de me douter qu'il voudrait me réserver l'honneur de cette élégante plaquette.

Le cercle, intime auquel seul ces lignes sont destinées, voudra bien en excuser toutes les imperfections et n'y voir qu'un hommage de reconnaissance à ceux dont l'aimable hospitalité sait si bien conserver à Fontfroide les nobles traditions familiales de son passé.

Camille LEENHARDT.

Décembre 1910.

E plus ancien document que renferment les Archives de Fonfrède [1] est une charte datée de 1185 [2], par laquelle Berenger de Cournon, un

[1] Fonfrède, Fontfroide. Pourquoi ces deux noms, dira-t-on. Fonfrède (rarement, grâce à l'instabilité bien connue des orthographes anciennes : Fonfrayde ou Fonfrège) est le nom donné par la majorité des documents, porté par toutes les familles qui ont revendiqué la noblesse de la propriété et écrit encore souvent par nos pères, à l'époque même où ils employaient l'autre prononciation.

Fontfroide est la forme francisée qui, nous étant plus familière, viendra parfois sous notre plume, surtout lorsqu'il s'agira d'événements contemporains et lorsque nous traduirons un document latin.

[2] Notre cousin M. R. Burnand, Archiviste paléographe, Ss-Bibliothécaire de la Ville de Paris, auquel nous devons le premier dépouillement de ces archives, traduit comme suit cette charte :

« L'an de l'Incarnation du Seigneur 1185, au mois de novembre, je, Berenger de Cournon, agissant pour mon compte et pour celui des miens, de bonne foi, sans fraude aucune dans cette charte et sans aucune retiscence, vend et cède à perpétuité, acquitte et abandonne entièrement à toi, Pierre de Montferrier et aux tiens, à ta pleine volonté et à celle des tiens, sans aucun trouble ni appel de ma part, tout ce qui est et que je tenais de vous ou fief ou autrement, dans tout le domaine de Fontfroide (*in toto manso Fontefrigido*) avec ses dépendances, à savoir hommes et femmes, champs, vignes ...usages, terrains vagues, lieux... arbres, prés, pâturages, marais, cours d'eau, bois, garrigues, termes, conseils, coutumes, terres cultes et incultes et toutes les autres choses corporelles ou incorporelles qui concernent le dit domaine et peuvent ou doivent le concerner dans le meilleur état que je l'aie jamais possédé ou quelque homme ou femme l'ait pu posséder pour moi ou en mon nom. Lequel domaine touche à la

descendant sans doute d'Othon de Cournon qui accompagnait en 1095 Guilhem V de Montpellier à la croisade, vend le domaine de Fonfrède à Pierre de Montferrier, petit fils du croisé auquel Guilhem avait accordé la suzeraineté de son fief de Montferrier et qui, à ce titre, avait des droits sur quelques terres de Fonfrède.

Le domaine en question devait comprendre à cette époque toutes les terres situées au nord du ruisseau qui coule au milieu du vallon.

Fonfrède fut pendant plus de cent ans la propriété de l'illustre famille de Montferrier dont un membre négocie en 1156 le mariage de Guillaume de Montpellier et de Mathilde de Bourgogne, dont un autre signe comme témoin le traité entre le roi d'Aragon et le comte de Toulouse en 1219, un autre fut gouverneur et vice roi de Montpellier en 1287, un autre ambassadeur du roi de Majorque auprès du roi de France en 1289, un autre enfin le principal auteur de la cession de Montpellier à Philippe de Valois [1].

Lironde et au domaine de Lecaz, a... au domaine de Guillaume Aguillon... et pour cette vente, ferme et stable à toujours, vous m'avez donné 300 sous de Mauguio que j'ai bien touchés et reçus.

(Suivent les formules de prestation de fidélité au contrat).

(... Et ita totum tenebo et observabo...) et je maintiendrai et observerai tout cela sans aucune fraude, avec l'aide de Dieu, le tout juré sur les saints Evangiles.

Témoins : Rostan d'Assas *(Rostagnus de Arzacio)*, Frotard de... Guillaume, fils de Pierre de Montferrier. Coissiard. Bertrand de St-Gervais. R. de Montault. Pons Guillaume, Berenger d'Omelas. Guillaume Deschamps. Guillaume Julien. Armand de Combes. Bernard du Lieu. P. Pons. Guillaume de l'Ile. Guillaume Raymond qui a écrit cette charte. »

[1] Catherine de Montferrier épouse, en 1317, Guillaume du Cayla de

En 1293, aux nones de novembre, Marie d'Arènes, veuve de Bernard de St-Just, coseigneur de Montferrier, fait un instrument de reconnaissance [1] sous l'alberge de dix chevaliers [2] à Pierre du Verger, prieur de l'Eglise d'Assas et châtelain de Montferrand pour et au nom de Bérenger, évêque de Maguelonne. (Une partie du domaine reste sous la mouvance du roi de Majorque). .

Cette pièce est la plus ancienne de ce genre ; c'est sur elle que s'appuieront toutes les justifications ultérieures de la noblesse de Fonfrède.

Le 7 Mai 1302 la même Marie d'Arènes aliène cette ancienne propriété des Montferrier et la vend à Guillaume de Conchis (ou Conches) époux de noble dame Andrea ; l'acte parait [3] désigner ce Guillaume comme un drapier de Montpellier et ce fait pourrait sans doute fixer l'époque où un établissement industriel, [4] qui doit avoir subsisté longtemps sous forme de lavage de

la famille de Cayla-Bernard-St-Bonnet-Toyras, dont descendra le maréchal de Toyras. Le frère de Catherine, Jacques, épousa Agnès du Vidal dont il prit le nom et les armes ; ses descendants eurent au XVIᵉ siècle, les fiefs de Montferrier dont Catherine avait d'abord hérité de son frère aîné, et les gardèrent jusqu'à la Révolution.

[1] Plusieurs copies en latin et une traduction de cette pièce existent aux A. de F., elles remontent au XVIIᵉ siècle.

[2] Un rôle des mas devant alberge au seigneur de Montpellier est conservé aux archives de Montpellier. Il date du XIIᵉ siècle et mentionne Fonfrède.

[3] Copie ancienne en latin aux A. de F.

[4] L'acte de 1446 que nous citons plus loin parle d'une « blanchisserie » ce qui confirme notre opinion. Dans la suite il n'est que rarement question d'un simple moulin, pourtant, au commencement du siècle dernier, les actes parlent d'appareils de teinturerie et nos pères se rappellent avoir vu les derniers vestiges de cette installation à l'extrémité de la grande cour du château, aux bords du canal.

laines puis de teinturerie fut créé pour utiliser les sources de Fonfrède. Ces de Conchis d'autre part n'étaient pas d'ordinaires drapiers puisqu'en 1191 Jordan de Conchis sert de témoin, avec Berenger d'Omelas (témoin dans le premier acte de vente de Fontfroide), pour un hommage que Pierre de Cournon rend à Guillaume VIII ; de 1248 à 1272 Bringuier de Conchis vendait de nombreuses terres[1] ; Pons ? de Conchis touche en 1392 le lods d'une vente par Jean de Salelles à Guillaume Michel, de Montferrier : il s'agit d'une terre située dans les appartenances de Fonfrède dans le voisinage des héritiers de Bernard de Fontanelles[2] ; enfin en 1417 noble Gilles de Conchis est encore propriétaire dans cette région[3].

Malgré ces quelques renseignements rien ne nous permet d'affirmer que les Conchis aient possédé longtemps dans son intégralité le domaine de Fonfrède.

Des textes postérieurs rappellent que pendant les heures troublées de la guerre de Cent ans un grand nombre de terres du domaine furent données en bail emphytéotique à des paysans du voisinage.

Seul le « clos de Fonfrède[4] » est maintenu dans son intégralité et la famille du Puy le tenait, sans doute des

[1] Archives de Montpellier.
[2] Parchemin original aux A. de F.
[3] A. de F.
[4] Cette désignation dut subsister longtemps puisqu'un menuisier de Montferrier l'employait encore sur une facture au commencement du XIXᵉ siècle. (A. de F.), et que M. Bazille a écrit de sa main un projet d'achat d'une terre confrontant « l'enclos de Fontfroide », A. de F. 9 Décembre 1814.

Conchis (bien que nous ignorions par quelle voie), depuis deux générations, quand Guillaume du Puy le vendit[1] avec quelques dépendances le 24 Janvier 1446, pour 60 écus d'or, à Secondin Bossavin.

Le nouveau propriétaire se mit aussitôt à reconstituer « la métairie ou manoir appelé le mas de Fonfrède », « lequel manoir ou mas ait été longtemps le ... par les guerres ou autrement detruy et toutes les terres infertiles et du tout en friche, ermage et désert, lequel... à grands frais, missions et dépenses l'a refait ... et fait bastir hôtel, rompre terres et labourer, faire prez, réduire et remettre ce qui était du tout perdu en valeur et labourage[2] ».

Non content d'arranger sa propriété, Secondin l'agrandit en achetant en 1447, pour 10 écus d'or, à Pierre du

[1] Voici un passage de cet acte de vente dont les A. de F. renferment une copie désignée comme la traduction du parchemin écrit en latin : «... Guillaume du Puy... vend à Secondin Bossavin... (selon tous les us et coutumes et formules de l'époque) de manière à ce qu'il soit irrévocable mais sous la réserve de la redevance annuelle de cinq deniers payables à l'évêque Maguelonne à son château de Montfer.rand...

« Toutes les sources dites de Fonfrède, toutes les eaux et tous leurs cours se jetant dans la rivière dite de la Lironde, y compris le cours de ladite rivière, les passages avec des sinuosités et... du côté sous la juridiction de Montferrand, les canaux et conduits des eaux des dites sources et dudit fleuve destinés soit à porter les eaux de ladite rivière dans les prés riverains ou à la blanchisserie vulgairement appelée le clos de Fonfrède comme cela est établi maintenant ou pourra être établi par vous ou vos successeurs ; les sources et le lieu où elles naissent et coulent confrontent d'une part les terres de Montferrier et St-Clément et le chemin par lequel on va de Montpellier à Ganges. »

[2] Lettres patentes de Charles VII (1448). Original aux A. de F., cité plus loin. Cf. aussi sur la désolation des lieux, la note page 10.

Cayla, coseigneur de Montferrier, le terroir de Combes [1] qui, en descendant la Lironde s'étend vers Montpellier, sans doute le quartier actuel de l'aqueduc.

Nous ignorons par quelle voie les Montferrier étaient devenus propriétaires de cette ancienne seigneurie de Combes, dont déjà en 1236, Pons et Guillaume de Combes vendaient des parcelles. Elle avait probablement appartenu à Arnaud de Combes qui servait de témoin à la première vente de Fonfrède en 1185 [2].

Secondin Bossavin obtient dès l'année suivante des lettres patentes de Charles VII reconnaissant la noblesse de ses terres et accordant à leur propriétaire le droit de dépaissance sur des terrains que lui contestaient les commissaires du Roy à Montpellier [3].

Le 6 avril 1458, Bossavin obtient le rétablissement de la noblesse de Fonfrède et la seigneurie lui est inféodée par Maurin, évêque de Maguelonne [4].

[1] Acte original sur parchemin aux A. de F.

[2] Voir note page 6. Au commencement du xviie siècle, Jeanne de Camboursier, fille de Louise du Terrail, de la famille Bossavin, était mariée à Jehan de Combes et avait deux fils : Jean et Pierre. Cf page 13.

[3] Cf pl. ci-contre. Le 25 février 1494, les commissaires du Roy renouvellent la juridiction haute, moyenne et basse sur la seigneurie de Combes à Jean Bossavin, coseigneur de Pignan, recteur de la Part Antique, fils de Secondin. Beau parchemin A. de F.

[4] Très grand et beau parchemin aux A. de F. avec plusieurs copies et traductions.

Nous relevons dans la requête à l'évêque, les traits suivants qui soulignent l'œuvre de reconstitution accomplie par Bossavin

« Et étant arrivé à la suite des temps que la peste, ô douleur, ayant par sa violence trop longtemps ravagé ce pays, ce qui est de notoriété publique..... et avait si fort damné d'habitants de ladite maison, mais aussi les cités, villes, bourgs et châteaux voisins que à grand

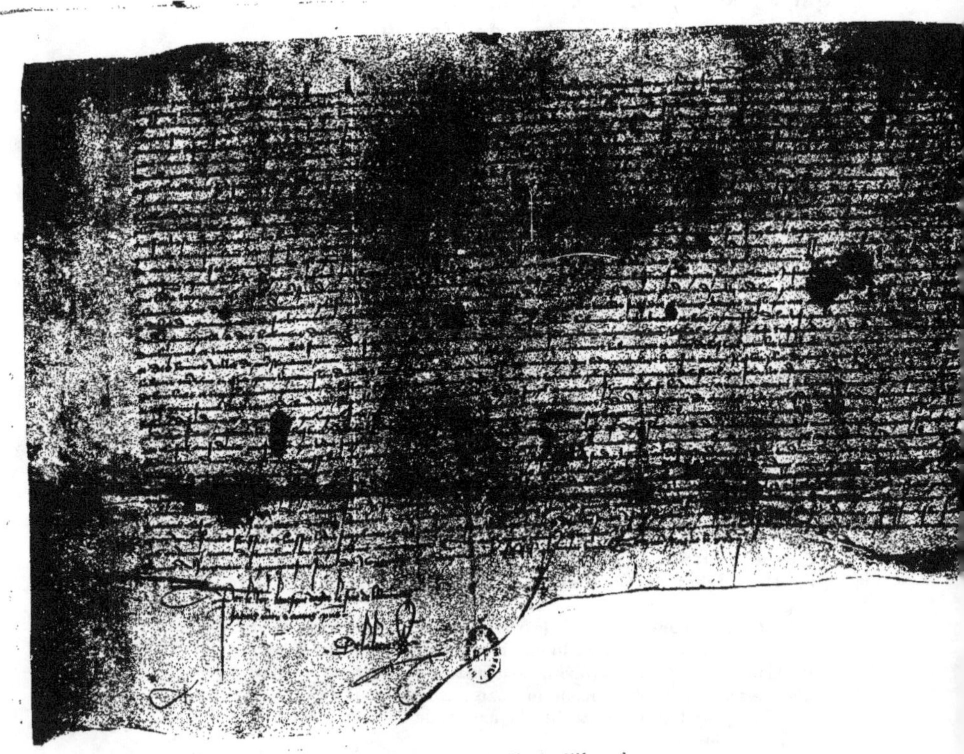

Lettre patente de Charles VII. 1418.
(Voir page 10)

En 1549 Secondin Bossavin achète encore le long de la Lironde une part de la seigneurie de Puech Conil qui non seulement limite mais partage sur un point ses deux autres propriétés [1].

Marguerite, femme de Jean, fils du précédent, achètera en 1511 tout Puech Conil à Blazin de Montferrier « en pur et franc alleu de tout fief noble avec toutes juridictions » [2].

peine pouvait-on trouver pour cultiver les champs..... de sorte que ladite maison se trouvait dispersée en divers membres et l'anéantissement de son fief s'en étant suivi, elle aurait été baillée en emphitéose perpétuelle par ledit seigneur évêque et les prédécesseurs dudit comte à quelques laboureurs..... abandonnant ladite maison presqu'entièrement ruinée, avaient laissé les champs sans culture..... ce que ledit suppliant ayant considéré avec intention..... compatissant à la désolation de ladite maison, il en fit l'acquisition avec ses appartenances de ces mêmes amphitéoses à grand prix d'argent par plusieurs contracts d'argent et à plusieurs intervalles de temps et ayant ramassé tous ses membres dispersés çà et là, il les avait mis en un même corps et remis en leur premier état et les avait acquis comme de biens propres pour le domaine utile..... ayant pris la possession corporelle de ladite maison, il avait fait réparer la culture des champs..... ce qui n'avait pu estre fait ainsi qu'on doit penser sans de très grands frais et dépenses et avait rendu habitable ladite maison renversée de fond en comble et l'avait de nouveau assez honnêtement réparée, se proposant et espérant par la permission divine, de construire des bâtiments plus somptueux, ce qui devait tourner à l'avantage non seulement de l'exposant, mais dudit seigneur évêque..... qu'il lui plut (à l'évêque) rétablir en son premier état la susdite maison avec ses fontaines et ses sources jaillissantes avec abondance, ses ruisseaux, cours et des cours des dites eaux » ; *bannis, bannorum cohercitionibus et juridictionibus*..... les bailler en fief audit suppliant et à ses héritiers et successeurs quelconques sous la prestation de ladite alberge de 10 chevaliers..... »

[1] Copie de cet acte aux A. de F.
[2] Copie de cet acte aux A. de F.

En 1532 les lettres patentes de François 1er [1] accordées à Guillaume Bossavin, petit fils de Secondin, exemptent de toutes tailles les seigneurs de Fonfrède et en 1536 la cour des aydes déclare Fonfrède « noble, quitte et exempt de payer et contribuer aux tailles et deniers royaux et autres impositions avec les consuls et autres manants et habitants de la dite Val de Montferrand » [2].

Enfin en 1539 une autre lettre patente de François 1er confirme la noblesse des seigneuries de Combes et Puyconil et accorde aux seigneurs de Fonfrède la haute et basse justice sur les dites seigneuries [3].

Et sur le fief ainsi définitivement constitué et fixé dans les limites qui ne varieront presque pas jusqu'à nos jours, la justice était rendue car « au dit lieu de Fontfrayde... les fourches pour mettre les délinquants étaient assises, (cedit lieu) nommé le champ du gibet et aussi autre champ où se faisait les danses publiques appelé camp des danses ».

Certes il n'en fallait pas davantage pour permettre aux Bossavin qui pendant cent cinquante ans vécurent dans « cette maison plus somptueuse » qu'ils y avaient aménagée, de tenir leur seigneurie aussi féodalement que leur noblesse l'exigeait. Guillaume Bossavin, écuyer, seigneur de Pignan, Fonfrède, Puech Conil et Combes,

---

[1] Très beau parchemin scellé d'un grand sceau de cire jaune à simple queue. Cf planche ci-contre.

[2] L'acte en français en plusieurs feuilles de parchemin ; la notification également sur parchemin et plusieurs copies de cet acte sont conservés aux A. de F.

[3] Une copie de cet acte qui le désigne comme semblable à celui indiqué note 1 est conservée aux A. de F.

Lettre patente de François 1er. 1532.
(Voir page 12)

n'écrivait-il pas [1] « pour mieux clairement démontrer le dit lieu de Fonfrayde estre noble... que ses prédécesseurs [2] avaient toujours été tenus nobles, d'ancienne noblesse, vivant extrait de noble et ancienne noblesse et mesmement Jehan Bossavin lui vivant, recteur de la Part Antique du dit Montpellier [3], avait durant le temps de jadis esté aux suites des Roys de France comme de Louis XIe et son valet de chambre, aussi des Roys Charles VIIIe et Louis XIIe, et pareillement Thomas Bossavin, frère du dit Jean, en son vivant tenancier du dit lieu de Fonfreyde, au service dudit roi Louis XI[o]. »

Remarquons aussi que cette famille Bossavin dut être une de celles qui, dès la première heure, embrassèrent la Réforme. Les archives de Fonfrède conservent un testament de Louise du Terrail (sœur ou nièce de Guillaume Bossavin) veuve de Guigo de Camboursier qui lègue, avec les formules caractéristiques, aux pauvres de l'Eglise Réformée de Montpellier d'abord, et ensuite de Grenoble (son mari était du Dauphiné).

Ce fait est d'autant plus intéressant à constater que tous les propriétaires de Fonfrède depuis lors paraissent avoir été protestants.

[1] Dans sa requête à la cour des aydes 1536.

[2] Secondin Bossavin eut deux fils : Thomas, dont il est parlé ci-dessus, qui hérita de Fonfrède mais mourut laissant l'héritage à Jean, époux de Marguerite de Bucelly. Jean laissa 7 enfants : Guillaume, Jacques, François, Antoine, Louise, Charlotte, Marthe. Guillaume vécut jusque vers 1592, il laissa Fonfrède à son frère Antoine qui lui même le légua à son neveu de Montlaur lequel céda ses droits à sa cousine Marie du Terrail, épouse de Jean de Saint-Ravy, fille d'Anne de St-Félix de Saussan. Ce dernier acte est aux A. de F. Cf. p. 10.

[3] Gouverneur de la moitié de Montpellier qui appartenait au roi de France.

Antoine de Bossavin, frère de Guillaume, étant mort sans enfants, Fonfrède échut à son neveu Claude de Montlaur qui, peu après, le céda à sa cousine Anne de St-Félix de Saussan et à sa fille Marie de St-Ravy de Mayrargues [1].

En 1600, ces dames vendirent Fonfrède à Pierre Clauzel, conseiller du Roy à la cour des aydes de Montpellier, qui était sans doute leur parent par sa femme née de St-Ravy et surtout leur créancier (Fonfrède fut payé 15.600 livres mais Clauzel n'eut que mille écus à verser) [2].

Les commissaires du Roy enregistrent la vente et reconnaissent la noblesse de la terre à Pierre Clauzel le 26 mai 1622. Jean de Clauzel fait un hommage en 1672 à l'évêque pour Fonfrède et en 1677 au roi pour les seigneuries de Combes et de Puech Conil [3].

La famille de Clauzel, dont les alliances protestantes sont bien connues [4], garda Fonfrède à peu près aussi

[1] Acte de partage et arrangements de famille. A. de F. Feuillets parchemin. Claire-Jeanne de Lacroix de Mayrargues (femme de Pierre-François de Mirman, seigneur de La Tour du Fau), qui fut assassinée par les camisards contre la volonté de Cavallier, était peut-être la fille de Etienne de Lacroix qui avait épousé Françoise de Frontignan, seigneuresse de Montferrier, Bailharguet, St-Jean de Vedas, fille de Blazin de Frontignan et de Françoise de St-Félix.

[2] L'acte de vente fait allusion à ces arrangements qu'il consacre. A. de F.

[3] A. de F.

[4] 1. Noble Pierre de Clauzel, président de la cour des aydes, avait épousé Jeanne de St-Ravy, morte en 1606 ? fille de noble Michel de St-Ravy et de dame Marthe d'Andréa.

Armes : de gueule a un besan d'or accompagné de 3 larmes d'argent, 2 en chef, une en pointe.

1o Son fils aîné Guillaume de Clauzel, seigneur de Fonfrède,

longtemps que les Bossavin. Sa noblesse de robe s'honorait sans doute de prendre le nom du fief et trois générations de conseillers à la cour des aydes signèrent : Clauzel de Fonfrède [1].

Combes, Puech-Conil, conseiller du roy à la cour des aydes, épousa en première noce Marguerite de Lacger, fille de noble Jean de Lacger, conseiller du roi en la chambre de l'édit de Castres (contrat par Dumont notaire aux Archives de Montauban), et en seconde noce Marguerite Dampmartin, fille sans doute du Dampmartin seigneur de La Valcière en 1688 (Arch. de Montpellier).

2° Son second fils Jean de Clauzel seigneur de St-Seriès et La Lauze qui épousa en 1634 Marie Hébrard, fille de Jean, seigneur de La Lauze, consul de Montpellier en 1616, fut père de François et Guillaume de Clauzel, mort en 1678.

II. Guillaume eut : 1° Pour fils aîné Jean, seigneur de Fonfrède, conseiller du Roy en la cour des aydes qui épousa Olympe de Garisson, fille de Jonathan, seigneur de Lustrac, ancien conseiller, secrétaire du Roy.

2° Il eut pour second fils Guillaume, capitaine au régiment de Crussol.

3° Et pour troisième fils Louis, capitaine au régiment de Lignères.

4° Une fille qui épousa M. de Verchant.

III. Jean eut : 1° Un fils Jonathan qui mourut jeune en 1683.

2° Marthe qui épousa Antoine de Pélissier de Boirargues, maistre de camp des carabiniers du Roy (d'une très ancienne famille qui a compté des évêques de Maguelonne et de Montpellier, un ambassadeur de François Ier à Venise et Constantinople et s'est alliée aux de Morginer, de Ganges, de Mercauraux). Hérite de Fonfroide.

3° Claudine, épousa Jacob de Rossel, seigneur et baron de Fontarèche.

4° Anne, épousa Jean-Antoine de Reynies, co-seigneur de Montagnac, St-Martin, Lagarrigue, Pabiran et autres, avait reçu en dot une partie du Salin de Peccais.

5° Yolande, épousa Jacques de Vignoles-Carlot, seigneur et baron de St-Jean de Gardonenque, hérita de la maison de Clauzel, qui avait donné son nom au « Plan de Fonfrède » à Montpellier.

Les A. de F. conservent les titres de noblesse des Clauzel et des de Pelissier, nous y avons puisé ces détails, on y trouve aussi l'acte de partage des enfants de Jean de Clauzel.

[1] Les Bossavin ne paraissent pas avoir porté ce nom, il faut dire

Non seulement Fonfrède jouit de tous les privilèges de noblesse déjà signalés mais en 1630 la cour des aydes l'exempte du logement des gens de guerre.

D'ailleurs il fait déjà meilleur vivre à Fonfrède car les seigneurs du lieu ne parlent plus de pilori et les criées et proclamations qu'ils affichent à la porte du château ne punissent de peines redoutables que les injures faites à Dieu lui-même.

Il est défendu dans le terroir de Fonfrède : [1]

1° de renier et blasphémer le saint nom de Dieu sous peine la première fois de 25 fr. d'amende, la deuxième d'être mis au collier, la troisième d'avoir la langue percée.

2° de jouer aux cartes, dés et autres jeux prohibés, or ni argent.

3° de porter aucune arme défensive comme arquebuse, pistolet, hallebarde.

4° de faire paître le bétail.

5° de chasser.

6° de couper du bois.

7° de tracer des nouveaux chemins.

8° de travailler les dimanches et jours de fêtes.

9° de mettre le feu à quoi que ce soit.

10° d'injurier les officiers du seigneur.

11° de se battre.

Mais hélas les jours sombres de la Révocation approchaient. En 1663 Jean de Fonfrède, petit fils de Pierre,

que, de leur temps, l'usage l'exigeait moins et que les seigneuries de Pignan, Frontignan, etc., leur auraient offert d'ailleurs des titres plus brillants.

[1] A. de F. Procès verbaux des criées et proclamations.

conseiller du Roy, est noté comme « dévot dans sa religion, au surplus bon homme et entendant raisonnablement ». C'est sans doute dans sa maison, rue de l'Argenterie, qu'eurent lieu des pourparlers entre les représentants du Roy et les chefs protestants. Un ou deux ans avant la Révocation, le culte ayant été supprimé à Montpellier, il se tenait dans cette ville des réunions auxquelles assistaient : le conseiller Fonfrède, le marquis de Reyniès, de Montauban, (son gendre), Mme de Mouret, Mme de la Vacaresse, Etienne Cambolives, etc. Bien que le « Mercure » de juillet 1681 dise que « M. de Clauzel, un des plus vieux conseillers à la cour des aydes et fort estimé pour son esprit et pour son mérite, a fait abjuration », Clauzel est encore cité en 1682 parmi les conseillers protestants et en 1699 il était enfermé pour cause de religion dans le château d'Angers [2].

« Clausel, seigneur de Fonfrède, demande pendant deux ans, sous caution valable et avec certificats de médecins, sa translation dans sa famille pour y être opéré de la pierre (Tourlet) » ; le gouverneur d'Angers lui rendit ce témoignage « qu'il n'avait jamais vu d'homme d'une conduite et de mœurs plus irréprochables, d'une soumission plus parfaite ». Basville lui-même appuya sa demande ; nous ne voyons pas qu'elle lui ait été accordée. En 1685 Alexandre Savois, son neveu à la mode de Bretagne, en route pour le Refuge, écrit : « M. de Fonfrède a témoigné beaucoup de fermeté et de constance et a été longtemps exilé pour la religion. »

[2] Cf. la France protestante. NN : Clausel.

Nous savons aussi que « le jeune Fonfrède était en 1683 l'un des chefs des zélateurs protestants (avec Icard, Peyrol et surtout Brousson) qui voulaient continuer l'exercice du culte partout où il avait été supprimé : ce mouvement fut noyé dans le sang. Les chefs, et parmi eux Fonfrède, purent se soustraire par la fuite à une mort certaine [1] ». Les renseignements que nous venons de relever laissent supposer qu'il s'agit ici de Jean de Clauzel. Il est curieux de noter cependant que les procès verbaux des criées de Fonfrède signalent en 1683, cette même année par conséquent, la mort de Jonathan, fils unique de Jean. Ce Jonathan était-il en âge de lutter pour sa foi, et sa mort a-t-elle quelque rapport avec la note que nous venons de citer : c'est ce qu'il serait intéressant de rechercher.

Quoi qu'il en soit, nous ne pouvons que constater ici l'extinction de la branche aînée des Fonfrède à la mort de Jean, probablement vers 1700 ; sa fille aînée Marthe de Pelissier [2] hérite donc de la seigneurie.

En 1741 Jean-François de Pelissier (fils de Marthe de Clauzel) rend hommage à l'évêque de Montpellier pour la seigneurie de Fonfrède ; Combes et Puechconil sont sous la mouvance du Roy comme seigneur de Montpellier [3].

---

[1] Cf. la France protestante.

[2] Voir note page 15.

[3] Quelques terres sur la rive gauche de la Lironde sont sous la juridiction de Montferrier. En 1676 Jean Clauzel fait ainsi une reconnaissance à Louise de Baudan, veuve et héritière de Pierre Dautheville, seigneur de Montferrier, baron de Vauvert, conseiller à la cour, pour

Mais les revenus de la propriété n'étaient sans doute pas en rapport avec sa noblesse car François de Pelissier étant mort laissant auprès de sa mère sa jeune veuve née de Rouzier, Marthe de Pelissier, qui, détail curieux, déjà en 1714 empruntait 12.500 livres à MM. Méjean et Solayrol [1], fait un testament [2] où après avoir déclaré sa foi de protestante, elle désigne comme héritiers : en première ligne son neveu noble Daniel Hostalier fils de M. Hostalier, seigneur de Veyrac et de St-Jean de Gardonenque, conseiller à la cour, et en deuxième ligne, Mlle de Rouzier, sœur de sa belle-fille et déjà sa créancière pour 28.729 livres.

Les de Veyrac se souciant à demi d'un tel héritage [3] Mlle de Rouzier « s'est portée, pour héritière, dit l'acte, pour complaire à la dame Marie de Rouzier, sa sœur, qui avait la délicatesse de ne vouloir pas que les biens de son mary (François de Pelissier) fussent mis en distribution [4]. »

Mademoiselle de Rouzier étant protestante dut d'abord obtenir le 25 Septembre 1754 le brevet du roi [5] l'autorisant à vendre, jusqu'à concurrence de 90 mille livres, les biens des Pelissier pour payer leurs dettes.

---

une terre au ténement de Bragousse. Cf. A. de F. ces diverses pièces.

L'acte de vente au seigneur Guiraud (voir page 20) indique que cette partie du domaine relevant de Montferrier est « roturière ».

[1] Quittance de la somme due aux A. de F.

[2] Aux A. de F. 1752 enregistré 7 Juin 1754.

[3] Ils firent un acte de renonciation en 1759 auquel fait allusion l'acte de vente de Fonfrède en 1766.

[4] Aux A. de F. 1762.

[5] Aux A. de F.

Elle se fit prêter de l'argent par M. Guiraud, négociant à Montpellier et désintéressa les divers créanciers [1].

Mais, dès 1766, peu après avoir demandé à la ville de Montpellier des dommages et intérêts pour la construction de l'aqueduc [2], Mlle de Rouzier vend Fonfrède à M. Guiraud, pour 40.000 livres, à charge par lui de payer à elle une rente viagère et à d'autres, diverses donations [3].

Il ne paraît pas que le nouveau seigneur Pierre Guiraud-Fonfrède, comme portent plusieurs actes, ait joui longtemps de sa propriété. En 1775 c'est sa femme

[1] Y compris les de Veyrac qui en 1759 réclamaient quelques droits sur Fonfrède en se targuant de ce que le légataire était mineur au moment de la succession.

[2] Ces pièces sont aux A. de F.

[3] Cet acte sur feuillets parchemin de chez Vezian notaire figure aux A. de F. Il semble cependant que M. Guiraud ne prit définitivement possession de Fontfroide qu'en 1770. La rente viagère avait déjà été consentie par M. Guiraud moyennant le versement d'un capital de 2800 livres.

En 1771 Mlle de Rouzier fit son testament (A. de F.) en faveur de Jean Laurent Rouzier, seigneur de Souvignargues, ancien président à la cour.

Voici les principales donations que M. Guiraud était chargé de faire :

5.000 livres par elles constituées en dot à Marthe Rouzier, épouse du baron de St-Juery.
1.000 » à son cousin M. Galdy.
11.700 » aux légataires de dame Marie Rouzier, épouse de Pelissier, sa sœur.
100 » à Françoise Gauthier.
100 » à Jeanne Domergue.
100 » à Marie Rousse.
300 » à Mme Allut.

Marguerite de Maurin qui fait une reconnaissance [1] féodale pour quelques terres à Jean du Vidal, marquis de
Montferrier.

Enfin dès 1791 Madame Guiraud donne procuration à
sa fille Marie Rose Marguerite (épouse de M. Antoine
Guillaume Constans de Labourgade, membre du dis-
trict de St-Affrique et président du Tribunal dudit, rési-
dant à Pont de Camarès) pour vendre Fonfrède [2] à M.
André Méjan, professeur au collège de chirurgie de
Montpellier [3], par lequel cette propriété entra dans notre
famille.

100 livres	à l'hôpital général de Montpellier.
2.000 »	à M. le président de Souvignargues, héritier de Madame de Chicogneau sa sœur.
3.000 »	à Mme Rouzier épouse de M. le président de Mouglas.
2.000 »	à M. Rouzier, seigneur de Boutonnet.
2.000 »	à M. Argellies, payeur des gages du bureau des finances.

Nous reproduisons cette liste à cause de l'intérêt historique que
peuvent présenter certains des noms cités.

A noter aussi que l'acte de vente à M. Guiraud mentionne la remise
à lui faite avec inventaire « de tous les papiers titres et documents
qu'elle a concernant ladite terre ». Il indique l'existence de fours à
chaux (dont les traces existent encore) et la faculté d'établir des mou-
lins.

[1] A. de F.

[2] Avec l'assentiment de ses frères : Louis-François-Marcel Guiraud
habitant Montpellier et Pierre-Gaëtan Guiraud, homme de loi, accu-
sateur public près le Tribunal de Saint-Affrique.

[3] Le prix convenu était 75.000 livres dont 15 pour cabaux et meu-
bles, 10 mille payables aussitôt et le reste en dix ans à 5 %. Mais dès
1793, M. Méjan dut obliger par sommation d'huissier les Labourgade
à accepter ses paiements. Ceux-ci se targuaient de la déprécia-
tion du papier-monnaie des premiers versements et engagèrent un
procès qu'ils perdirent et dont ils payèrent les frais. M. Méjan purgea
toute hypothèque le 22 octobre 1808.

Le domaine est désigné sur cet acte [1] avec les mêmes tenants et aboutissants qu'indiquaient déjà les Bossavin. Les seigneuries de Combes et Puech Conil (cette dernière avec une maison et un moulin ruiné) y sont également spécifiées [2].

La maison comprenait trois salles : cinq chambres au premier étage et les domestiques au deuxième. Les cabaux consistaient en un troupeau de 700 bêtes à laine, trois paires de bœufs pour le labourage etc. Il est aussi question de la transmission des archives de Fonfrède [3].

Ces vieilles archives ! la dernière pièce qui les com-

[1] A. de F. Acte par devant maître Péridier notaire, 6 octobre 1791.

[2] Voici les dits confronts : Fonfrède : du levant, la rivière de la Lironde et la garrigue et devois de Puech Conil ; du couchant, le grand chemin public appelé le chemin vieux et la terre ayant appartenu à Pons Domergue, de Valmaillargues ; du midi, le chemin appelé de la croix des Rabassiers allant vers la Boissière et Grabels, et du septentrion, les pâtus de St-Clément et autres plus vrais confronts.

Puech Conil lequel devois est une dépendance de Fonfrède, est situé dans le terroir de Montpellier et consiste en tout le rivage de la Lironde appelé Puech Conil, maison cazals, prés... confrontant, du couchant, avec le restant de la terre de Fonfrède de long en long ; du marin, avec le valat de la Vergulère (Valcière ?), du côté du Narbonnais le chemin appelé Molares (ou Montara) d'autre part la rivière de la Lironde de long en long en venant vers la maison de Fonfrède et du septentrion avec ses autres confronts.

Combes... confrontant l'entier corps d'une part avec le chemin public qui va à Montpellier vers la croix de Rabassiers et vers les Matelles et avec le chemin appelé Levelhs, d'autre part avec le terroir appelé d'Artignac et d'autre avec le rivage ou rivière appelé de la Lironde et ses autres plus vrais confronts.

[3] Ce détail, déjà relevé à propos de la vente précédente (voir note) s'explique non seulement à cause de la valeur de ces documents, mais à cause de l'importance qui y était alors attachée, comme pièces justificatives de noblesse.

pose est la ratification de l'acte de vente signée par Louis XVI le 16 décembre 1791 [1], reconnaissant à la vieille bourgeoisie des Méjan les « ci-devants droits seigneuriaux que l'assemblée nationale n'avait pas supprimés [2] ».

Et ce nous est un frappant symbole que ce papier jauni par lequel, avant l'heure des sanglantes folies, le dernier représentant de l'ancien régime ouvre à Fonfrède l'ère de la liberté pour ces fils de huguenots, ces vaillants, qui au milieu de difficultés sans nombre, avaient su, par l'union de leur science et de leur foi, maintenir à Montpellier leur haute situation : ils vont désormais, loin des luttes et des révolutions, fonder la grandeur de notre Fonfrède non plus sur les hochets de la vanité humaine mais sur la vraie noblesse dont leur foi anoblit leurs âmes.

Le docteur Méjan, dont un beau portrait [3] fait encore revivre devant nous le regard pénétrant et les traits énergiques, était fils de Benoit Méjan, professeur royal en chirurgie et de Marguerite Roussel ; le jeune maistre en chirurgie avait épousé en 1773 [4] Jeanne Bazille [5] fille

[1] Cette ratification dont une copie datant de 1814 est conservée aux A. de F. mentionne les droits ci-devants seigneuriaux et féodaux, alberges, sensives, droits de lods.

[2] L'acte de vente indique que le domaine n'était plus soumis aux droits féodaux qui venaient d'être rachetés par le vendeur à l'évêque de Montpellier, au domaine royal et au marquis de Montferrier.

[3] A M. René Leenhardt

[4] Le contrat de mariage est conservé aux A. de F.

[5] Et non Magdeleine comme le porte par erreur la notice sur la famille Castelnau par Westphal-Castelnau p. 33.

de Paul Bazille, négociant [1] et de Magdelaine Albus.

Sa fille Magdelaine Méjan, dont un joli pastel nous dit l'allure distinguée [2], épousa son cousin-germain Jean-Jacques Bazille, frère de Jeanne Bazille qui épousa en 1792 Louis Michel Castelnau [3].

Le ménage Bazille n'ayant pas d'enfant, considéra comme sa fille adoptive, sa nièce Eugénie Castelnau qui épousa en 1816 Pierre Nicolas Leenhardt [4].

Les nouveaux propriétaires de Fonfrède paraissent l'avoir habité plus longtemps que leurs prédécesseurs, les temps, il est vrai, sont changés et si nos pères se rappellent avoir vu le chien dressé à faire chaque soir le tour de l'enclos et l'armoire remplie de fusils comme pour soutenir un siège, il n'en demeure pas moins que la sécurité des routes et des campagnes était devenue suffisante pour permettre à notre aïeul de passer la plus grande partie de l'année à Fontfroide.

Un vieux daguerréotype [5] nous montre les vénérables

[1] Il devait avoir une usine de verdet puisqu'il donne entre autres à sa fille 4000 livres en cuivre propre à faire du vert de gris.

[2] A M. Franz Leenhardt.

[3] Louis Michel Castelnau, adjoint puis maire de Montpellier de 1814 à novembre 1830, chevalier de la Légion d'honneur, ancêtre commun des familles Castelnau, Leenhardt, S. Bazille et Westphal.

[4] Pierre Nicolas Leenhardt, fils d'André Chrétien et de Marie-Louise Johannot qui, attirés par des amis, étaient venus à Montpellier après la prise de la Bastille. Né à Wesserling (Alsace) en 1786, Pierre Nicolas fit ses études à la célèbre institution Lemoine à Paris et s'associa en 1811 à son beau-frère M. de Sybourg pour fonder à Montpellier une filature de coton.

[5] M. Pierre Leenhardt en a offert une reproduction à ses cousins, auxquels il a aussi donné plus tard des presse-papiers artistiques, faits avec le bois de l'Aube plusieurs fois séculaire qui ornait la terrasse de Fontfroide. Voir page 26.

parents entourés à Fontfroide de leurs enfants et petits enfants et si nous ne craignions de sortir du cadre que nous nous sommes imposé, nous pourrions rappeller bien des circonstances solennelles dont la vieille demeure reste le témoin muet.

Ce fut à la mort de Pierre Nicolas, près de 80 ans après la Révolution, que le vieux fief subit son premier morcellement, et ce fait, nouvelle preuve de la marche du temps et des progrès qui l'accompagnent, loin de nous attrister nous réjouit puisque ce fut un partage familial où chaque enfant put réclamer sa part du sol foulé par ses pères [1].

Puis d'autres partages survinrent [2] : ainsi fut à jamais brisée l'antique notion terrienne et féodale de la famille. Et si plusieurs ont voulu fixer au vieux sol leurs racines, c'est surtout pour puiser au tronc ancestral une sève plus vive, car désormais l'unité matérielle doit faire place à l'unité morale. Fonfrède a suivi la grande loi divine : son corps en plusieurs pièces déjà n'est plus, son âme à jamais vivra !... et de tous les coins du monde ils

[1] Les 7 enfants de Nicolas Leenhardt se partagèrent Fontfroide. Le 3e fils, Abel, dont la propriété de Clapiers était voisine, céda sa part à Charles, l'aîné, qui avait la maison familiale. La sœur aînée Antonie Pomier-Layrargues fit de même et Inès Westphal céda la sienne à Henry. Charles entretint quelques temps les parts de ses frères Henry, René et André que le vieux régisseur Brousse appelait « les terres d'en haut ». Peu après Henry entreprit l'exploitation de sa part et de celle de ses deux frères et bâtit Fontfroide-le-haut, dont, à sa mort, son fils Franz se chargea.

[2] A la mort de Charles, un de ses fils, Pierre, se chargea de la maison familiale. Deux de ses filles, Suzanne Dautheville et Délie Castelnau, bâtirent Piémarche et les Fontanelles.

viendront, toujours plus nombreux, fils, neveux et cousins de Leenhardt, réunis sous les grands ombrages, relire en ces vieilles archives, l'histoire de Fonfrède, asile de paix, d'union familiale et de chrétienne fidélité

CAHORS, IMPRIMERIE A. COUESLANT. — 13.775.